L'ILLUSTRATION DU LIVRE

ET

LA SIMILI-GRAVURE POLYTRAMÉE

DE

CHARLES PETIT

Extrait du Bulletin N° 9 des *Parisiens de Paris*

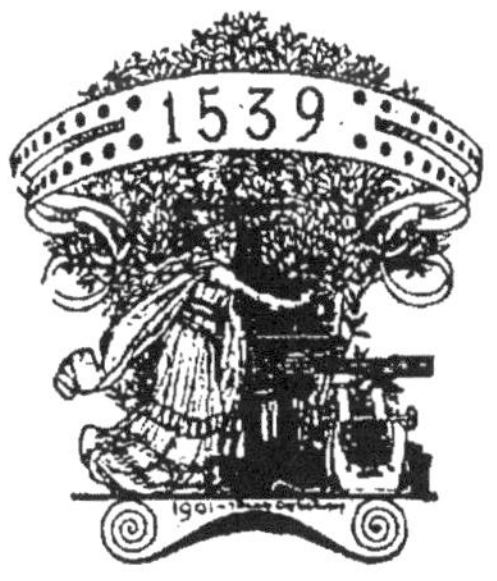

PARIS

IMPRIMERIE NATIONALE

MDCCCCVI

L'illustration du Livre

et

la simili-gravure polytramée de Charles Petit [1]

Il y a quelque quarante ans, l'industrie du livre ne possédait comme moyen d'illustration (en dehors de la lithographie et de la taille-douce) qu'un seul système de gravure, qui était la gravure sur bois.

Vers 1863, environ, M. Gillot père, imprimeur lithographe, imagina la mise en relief typographique de la lithographie. Le procédé de Gillot, quoique assez complexe, rendait certains services aux éditeurs, qui désignaient ce mode d'illustration sous le nom de *paniconographie,* devenu plus tard *Gillotage.*

La *paniconographie* consistait à transporter sur une plaque épaisse de zinc l'image préalablement dessinée sur la pierre. À l'aide de l'acide nitrique, on attaquait ensuite ce zinc, sur lequel le grain de la pierre lithographique formait les interstices nécessaires au passage de l'acide : c'est là l'origine de la similigravure. Mais, loin d'être parfait, le procédé de Gillot demandait bien des perfectionnements pour être pratiquement employé par l'impression typographique. En effet, les images à demi-teintes, obtenues par la chambre noire, n'étaient pas facilement mises en relief par la *paniconographie* et, jusqu'alors, plusieurs chercheurs avaient en vain essayé de modifier ce procédé.

Les choses en étaient là, lorsque la Société d'encouragement pour l'industrie nationale établit, de 1879 à 1880, un concours dont le prix était de *2,000 francs,* qui serait décerné à l'auteur du meilleur procédé pratique de gravure par la photographie.

Parmi les candidats à ce concours, se trouvait M. Charles Petit, employé chez M. Berthaud, photographe à Paris, et qui avait sur la *phototypographie* un projet spécial qu'il désirait mettre à exécution.

Pour des raisons purement commerciales, M. Petit ne put pro-

---

[1] Brevetée en France et à l'étranger.

céder à ses premiers essais dans l'atelier de M. Berthaud, ainsi qu'il le lui avait demandé.

Devant cette impossibilité d'agir, M. Petit tourna d'un autre côté ses tentatives d'expériences.

Le chef incontesté de l'industrie typographique d'alors était M. Alfred Firmin-Didot; c'est donc à lui que notre inventeur eut recours. Immédiatement compris et pécuniairement aidé, il put travailler à ses essais et en présenter les résultats à la Société d'encouragement qui, sur le rapport de M. Davanne, président de la Société française de photographie, classa premiers les résultats de ses intéressants travaux. Pourtant la totalité du prix ne fut pas attribuée à M. Petit, qui n'en reçut que les *trois quarts*, parce que son procédé comportait une partie mécanique qui n'avait pas été prévue au programme du concours.

La partie dite *mécanique* était une machine à *diviser*, c'est-à-dire que M. Petit avait construit un appareil destiné à tracer, sur une surface de cire spéciale, un quadrillé appelé *trame*.

Qu'est-ce donc qu'une *trame* photographique?

Aux personnes non familiarisées avec la simili-gravure, on peut répondre que la *trame* est l'accessoire indispensable et essentiel à la transformation d'un cliché photographique ordinaire sur verre, en une photogravure sur métal.

Soyons plus précis et examinons attentivement, pas à pas, la marche de ces très curieux phénomènes physiques et chimiques.

Lorsque l'on veut exécuter en simili-gravure une image quelconque, l'industrie photographique la reproduit d'abord en un cliché photographique sur verre, en ayant soin de placer à l'arrière de la chambre noire, en lieu et place de la glace dépolie servant à la mise au point, une autre glace sur laquelle figure le quadrillé précité et qui porte le nom de *trame*.

Derrière cette trame vient se placer la plaque sensible, et l'on opère comme à l'ordinaire.

Après avoir développé le cliché ainsi obtenu et sur lequel figure dans toute sa surface le petit quadrillé de la *trame*, on l'applique dans un châssis sur une plaque de métal (zinc ou cuivre) préalablement enduite d'une préparation sensible à la lumière et capable de résister à l'action de l'acide qui, tout à l'heure, servira à attaquer le métal dans les parties nécessaires à la gravure de l'image en relief.

Assez généralement c'est une dissolution de bitume de Judée dans la benzine, qui est employée pour sensibiliser la plaque métallique.

Après une exposition à la lumière, lorsque l'on juge le temps de pose suffisant, on développe cette plaque dans l'essence de térébenthine, et l'image positive apparaît comme une photographie ordinaire, mais avec le pointillé de la *trame* en plus.

Si l'on plonge ensuite cette image métallique dans un bain composé d'acide azotique étendu de vingt fois son volume d'eau, c'est là que se manifeste l'action de la *trame*.

En effet, si ce pointillé n'existait pas, le bitume de Judée sur lequel l'image s'est fixée formerait une couche uniforme qui résisterait totalement et protégerait le métal dans toutes ses parties contre l'action de l'acide.

Tandis qu'au contraire la *trame* à la chambre noire a produit sur le cliché photographique une infinité de petites parties blanches et noires, par lesquelles l'acide passe comme à travers un tamis, arrive au métal et l'attaque en creux, de telle sorte que l'image entière est composée de cette multitude de petits points placés les uns à côté des autres.

La machine à *diviser*, qui faisait partie des travaux présentés par M. Petit au concours de la Société d'encouragement pour l'industrie nationale, apportait donc dans cette industrie une transformation générale, car, jusqu'alors, dans les premiers essais, la simili-gravure ne pouvant s'exécuter sans trame, on employait à l'arrière de la chambre noire, en guise de glace méthodiquement tracée comme le faisait la machine à *diviser* de M. Petit, toutes sortes de moyens grossiers, tels qu'une toile métallique, un morceau de tulle ou de carton perforé servant à la broderie, et connu sous le nom de canevas, au travers desquels la lumière, entraînant l'image, venait avec elle fixer sur la plaque sensible, le pointillé nécessaire au passage de l'acide.

La trame de M. Petit était non seulement plus pratique, mais aussi plus précise.

En dépit de ces appréciables avantages, l'inventeur eut à lutter contre bien des oppositions. M. Didot y mit fin en aidant son protégé par la construction définitive de cette machine, désignée par les professionnels sous le nom de *machine à grisés*, qui, incontestablement, a été la base de la *simili-gravure*.

Outre ces avantages, M. Petit sut tirer de son invention diverses autres applications dont les détails nous entraîneraient ici en une trop longue description.

Cependant, comme toutes les inventions, celle de M. Petit était perfectible et plusieurs photographes et typographes s'ingénièrent à trouver cette perfection. Le nombre des chercheurs fut tel, que l'on peut dire qu'il y eut bientôt autant de méthodes que de photograveurs sans avoir pour cela résolu le problème.

Ce n'est qu'aux environs de l'année 1889, qu'apparurent les *trames américaines,* lesquelles gravées profondément sur fortes glaces, avec des sillons noircis impénétrables à la lumière, qu'alternait une belle transparence de cristal, apportèrent un perfectionnement notable à cette industrie en même temps qu'une concurrence sensible; il s'ensuivit que, dès lors, parurent d'innombrables publications illustrées mises en vente avec un plein succès, détruisant d'un seul coup toutes les méthodes françaises.

Si les inconvénients de la *trame* primitive étaient en partie disparus par l'usage des *trames américaines,* là encore n'était pas l'exécution idéale : les images étaient toujours grisâtres et d'un ton uniforme, désagréable à l'œil, ce qui obligeait le photograveur à de nombreuses retouches, soit par morsures successives, soit à l'outil.

Comme beaucoup d'autres, M. Petit se remit à la tâche pour chercher un moyen d'améliorer ces deux modes de retouches. Dans l'atelier de photographie de l'Imprimerie nationale que M. Petit dirige avec beaucoup de compétence, il reprit ses expériences.

Puisque l'image obtenue directement à la chambre noire, se disait-il, est trop grise à la photogravure, il faudrait trouver un moyen de renforcer à volonté, soit les noirs, soit les blancs de l'épreuve, de manière à obtenir une image dont les oppositions de lumière et les parties ombrées fussent d'une intensité proportionnée à la valeur des détails du modèle.

Il est évident que si l'on pouvait appliquer, sur une épreuve photographique en bitume de Judée, une seconde épreuve bien repérée, toute la valeur des tons serait d'un seul coup doublée.

Et M. Petit, devant ce grand point d'interrogation, cherchait en vain la superposition de ces deux images qui devaient enfin donner, à la photogravure, la solution artistique tant attendue.

Mais le hasard, qui parfois sert utilement les chercheurs, vint précisément en aide à M. Petit, en lui fournissant, vers la fin de l'année 1903, un fait particulièrement curieux et sur lequel se fixa désormais toute son attention.

A l'IMPRIMERIE NATIONALE, pour la reproduction des dessins de *brevets d'invention*, nos photograveurs utilisent journellement des feuilles de zinc recouvertes d'une dissolution de bitume de Judée.

Or, un jour que l'une de ces feuilles de zinc avait été laissée appuyée par mégarde, durant un certain temps, avant son développement, contre le tuyau d'un poêle allumé, il se passa le phénomène suivant : quand l'opérateur voulut procéder à là venue de l'image dans l'essence de térébenthine, partout où la plaque avait porté contre le tuyau chaud du poêle, le bitume refusa de laisser apparaître l'image latente qu'il renfermait, tandis que, sur les autres parties non chauffées, l'opération du développement se conduisait normalement.

Par conséquent ce qu'aucun fixatif n'avait pu produire, la chaleur venait de l'accomplir inopinément.

En effet une première image, étant désormais chauffée après développement, restait à jamais fixe & insoluble sur la plaque de zinc, & pouvait enfin être recouverte d'une seconde couche de bitume sur laquelle on impreßionnait la seconde image, sans crainte de la voir se confondre avec la première & disparaître en un mélange informe dans l'eßence de térébenthine.

M. Petit se trouvait donc ainsi subitement en possession du moyen rêvé, qui allait lui permettre de renforcer à sa guise les parties faibles de la première image et de procéder ensuite comme d'habitude, mais avec plus de précision, à la gravure chimique de la plaque métallique.

M. Petit m'ayant fait part des intéressants résultats qu'il venait d'obtenir, je m'empressai de lui donner toute latitude et toute facilité pour poursuivre ses travaux dans nos laboratoires et y perfectionner sa découverte.

Cette perfection ne se fit pas attendre et, depuis un an environ, tous les clichés de simili-gravure utilisés à l'IMPRIMERIE NATIONALE sont maintenant exécutés à l'aide du *procédé Petit*.

Pour être plus compréhensible, il est utile de joindre à cette théorie une description pratique de la méthode.

Voici, courant sur toute la surface de la figure 1, l'image d'un cliché obtenu par les anciens procédés, c'est-à-dire sans renforcement des blancs ni des noirs, et cela au moyen d'un temps de pose normal à la chambre noire.

Si, d'autre part, pour faciliter la démonstration, on applique, *sur la partie droite seulement*, l'image d'un deuxième cliché, négligeant les demi-teintes claires et ne comportant que les détails des noirs (et cela, au moyen d'un temps de pose prolongé à la chambre noire), la superposition de cette deuxième image sur la moitié droite de la première donnera incontestablement à la seconde partie du sujet une tonalité plus intense que celle présentée par la partie gauche.

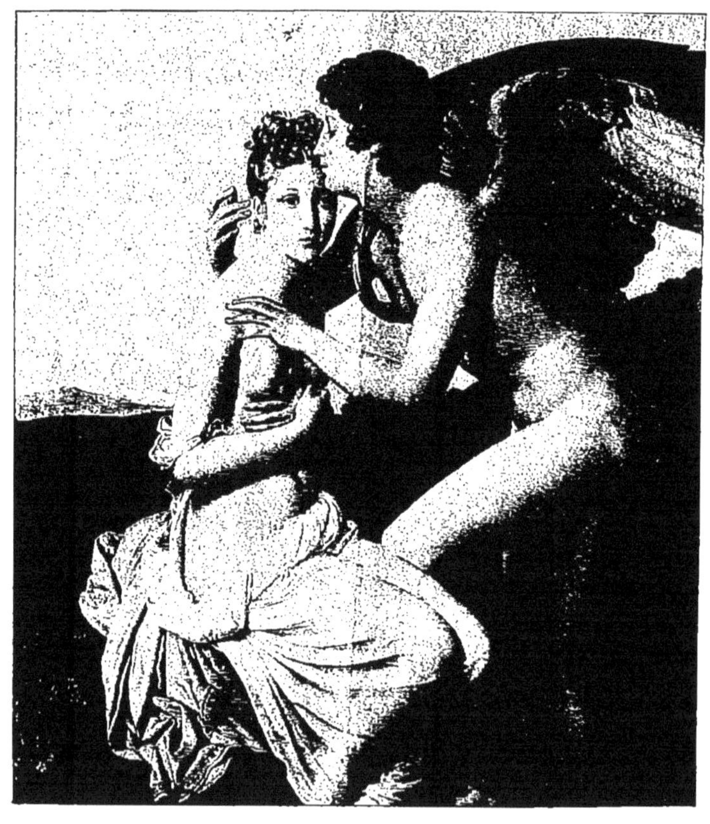

Voici donc le procédé Petit utilisé pour accentuer les parties sombres d'une image; voyons maintenant comment on peut appliquer la même théorie au renforcement des parties claires : comme dans la figure 1, le premier cliché nous donnera, avec une pose normale, une image comportant simplement les demi-teintes (fig. 2).

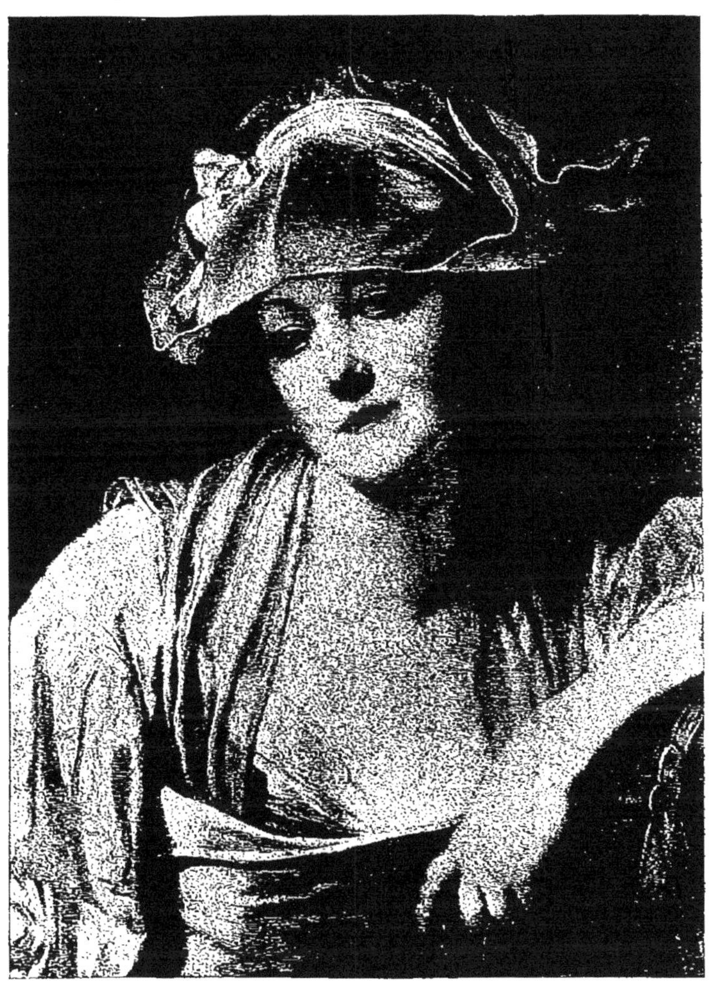

Le deuxième cliché que nous obtiendrons cette fois avec un manque de pose ne comporte que les détails des blancs, autrement dit des parties les plus éclairées, négligeant ainsi les noirs et toutes les demi-teintes foncées (fig. 3).

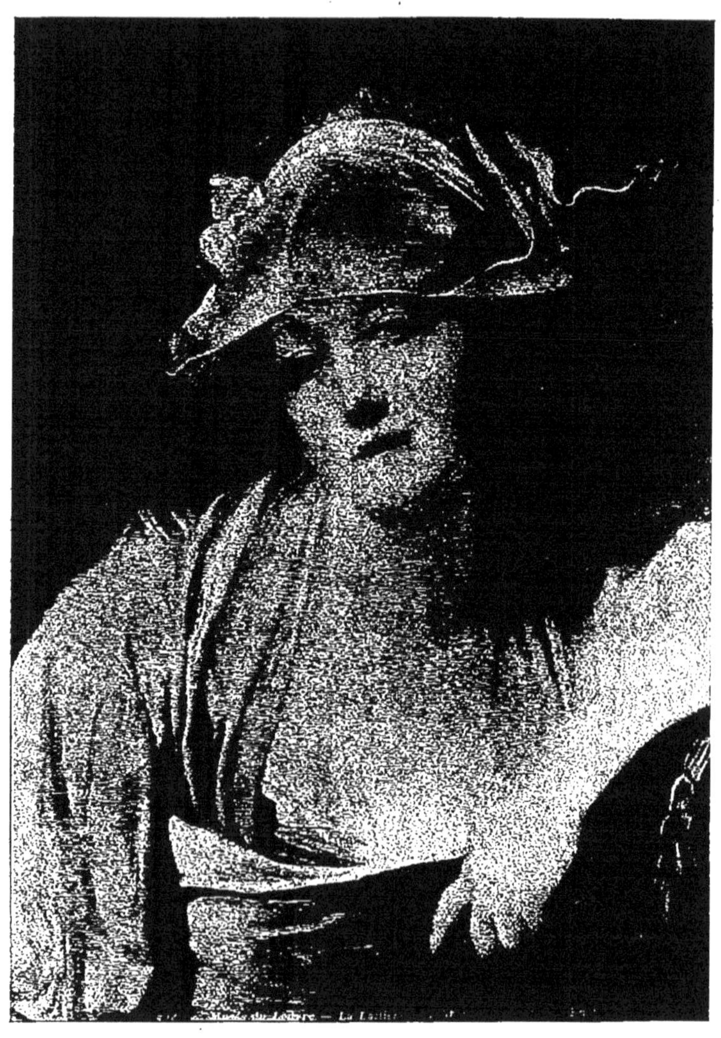

En superposant ces deux clichés, nous obtenons la figure 4, dans laquelle les détails ne sont pas venus et que nous allons faire chimiquement apparaître; ce que l'ouvrier faisait jadis à l'outil, l'acide seul, bien dirigé, va se charger de l'accomplir.

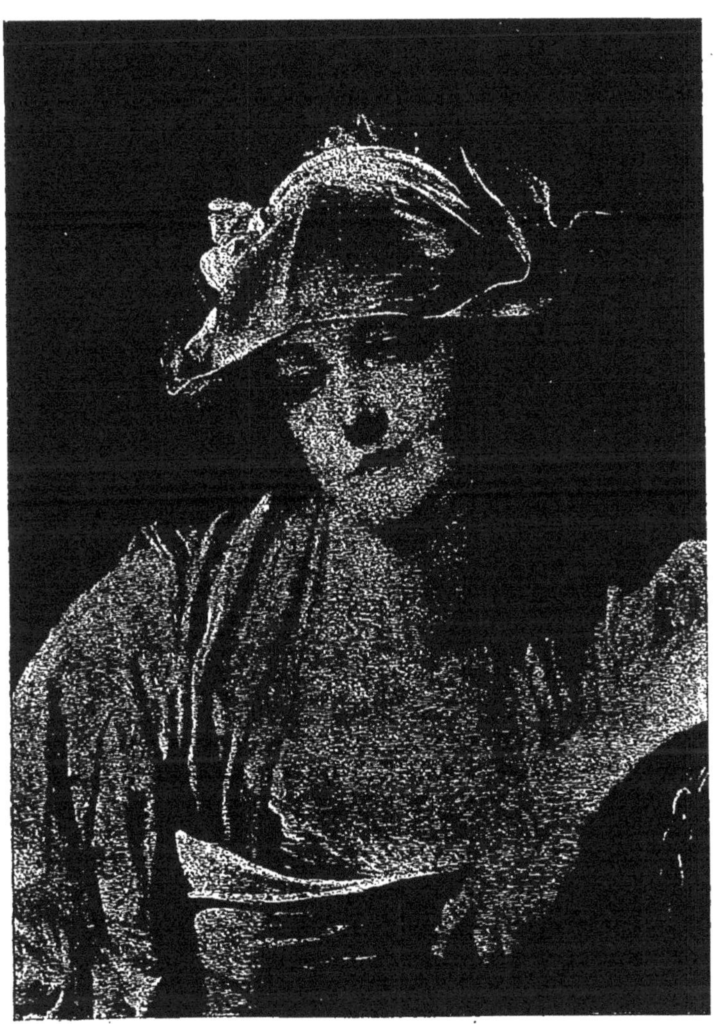

Plongeons cette plaque de zinc, servant de support à nos deux images en bitume de Judée, dans un bain d'acide azotique faible, jusqu'à ce que l'acide ait dégradé dans les blancs les petits points laissés à jour par le deuxième cliché, et nous obtiendrons la figure 5.

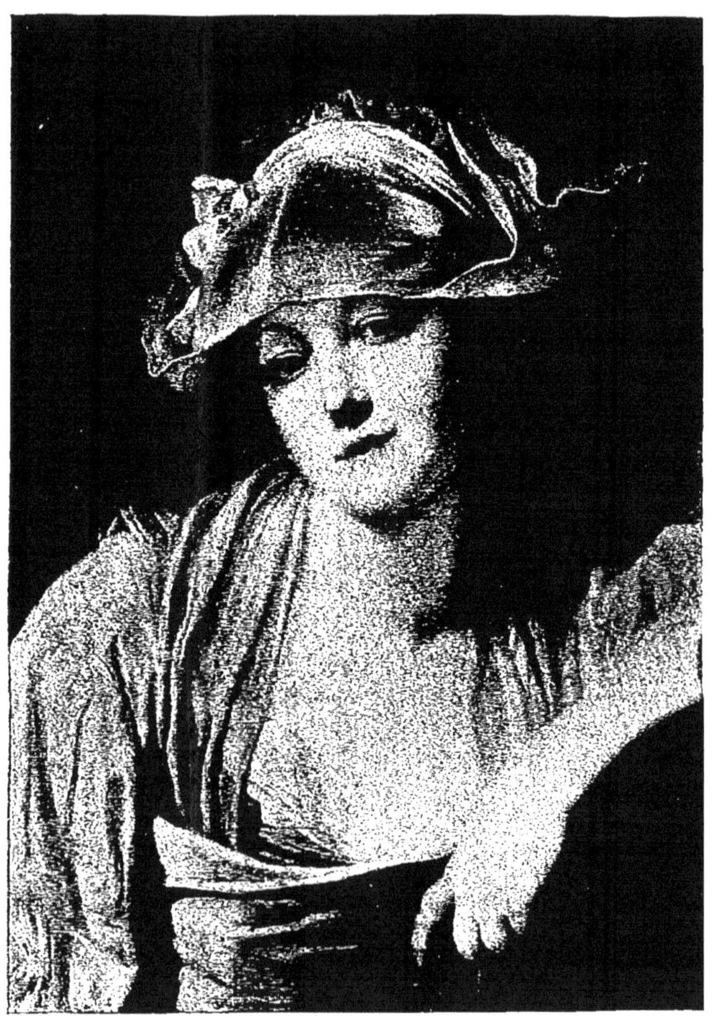

Continuons l'opération en enlevant avec de la benzine l'image du deuxième cliché, seule soluble, et replongeons le tout dans le bain acidulé, immédiatement nous voyons se dégager les demi-teintes et les noirs. Alors nous obtenons un cliché définitif dont les tons sont agréables à l'œil et les oppositions de lumière bien observées (fig. 6).

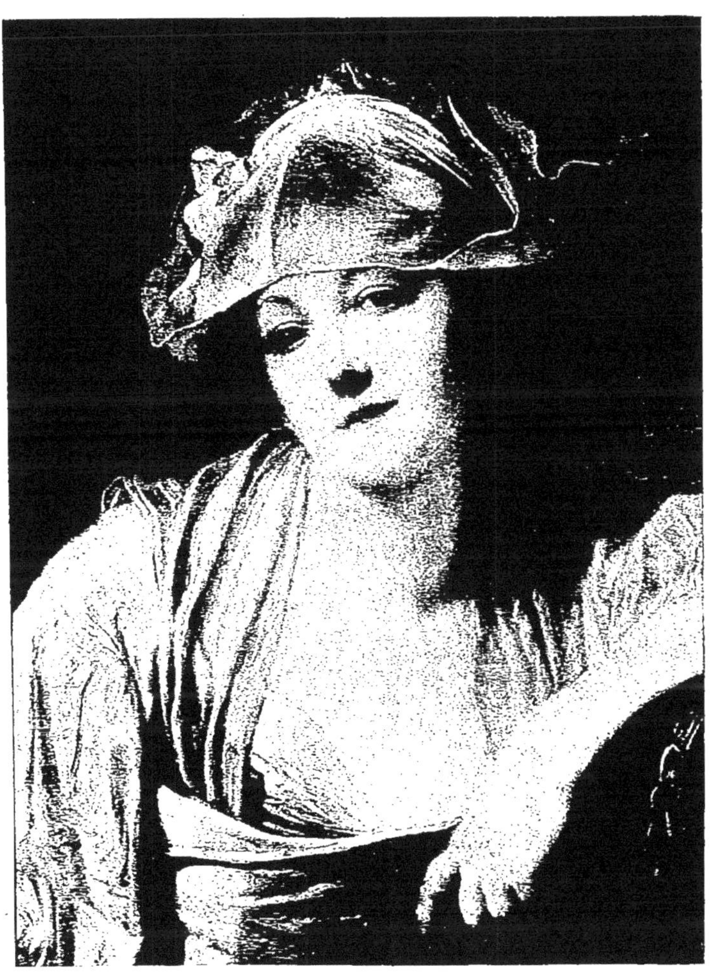

Évidemment, les avantages d'une telle découverte sont fla-grants. Outre qu'elle contribuera certainement à la vulgarisation de l'illustration du Livre, la simili-gravure polytramée permettra aux artistes la reproduction plus fidèle de leurs œuvres et aux sa-vants le fac-similé plus exact de leurs documents. Certes, il ne saurait être ici question (et M. Petit en convient lui-même) d'an-nuler complètement les retouches artistiques exécutées par les *aquafortistes* et les *burinistes,* mais, dans l'avenir, les travailleurs du Livre auront là, à leur disposition, un moyen précieux qui leur permettra d'exécuter avec art et très rapidement les clichés néces-saires à l'illustration de nos publications quotidiennes à bon mar-ché. C'est un service réel que M. Petit a rendu à l'imprimerie en général, et je suis tout particulièrement heureux que cette découverte ait pris naissance dans le plus important établissement de la typographie française [1].

Arthur CHRISTIAN,

Directeur de l'Imprimerie nationale.

[1] Indépendamment de ces huit fi-gures purement démonstratives, nous avons cru devoir ajouter à cette notice plusieurs autres spécimens ; deux sont d'un même sujet : l'un obtenu avec le procédé classique de simili-gravure, l'autre obtenu à l'aide du procédé de M. Charles Petit.

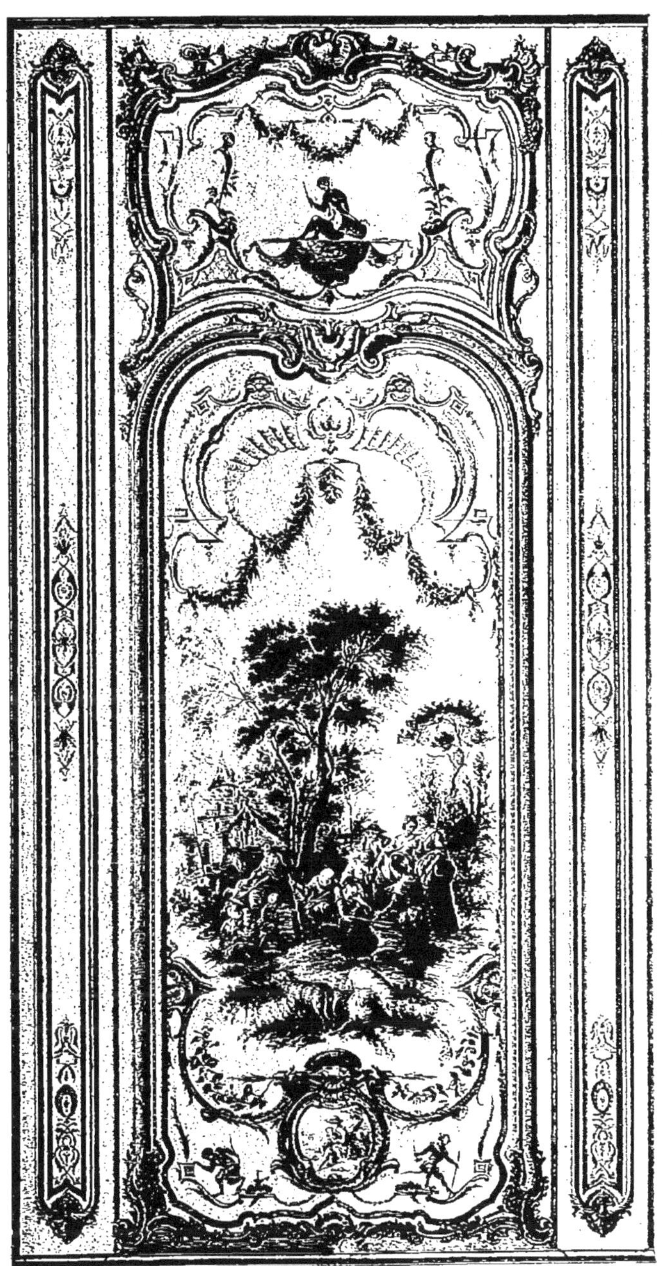

Panneau décoratif de Christ. Huet.

Planche de démonstration du renforcement des blancs et des demi-teintes claires.
(Côté gauche : procédé ordinaire ; côté droit : procédé Petit.)

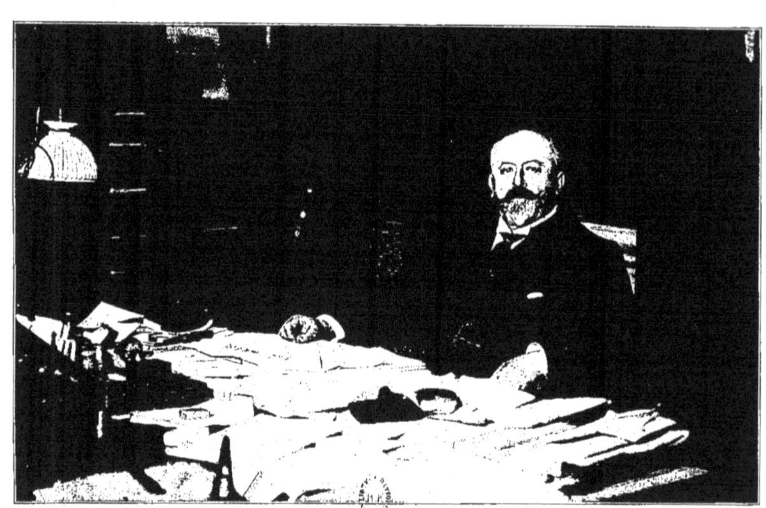

M. CHRISTIAN, directeur de l'Imprimerie nationale.
Planche obtenue par le procédé actuellement en usage et retouchée.

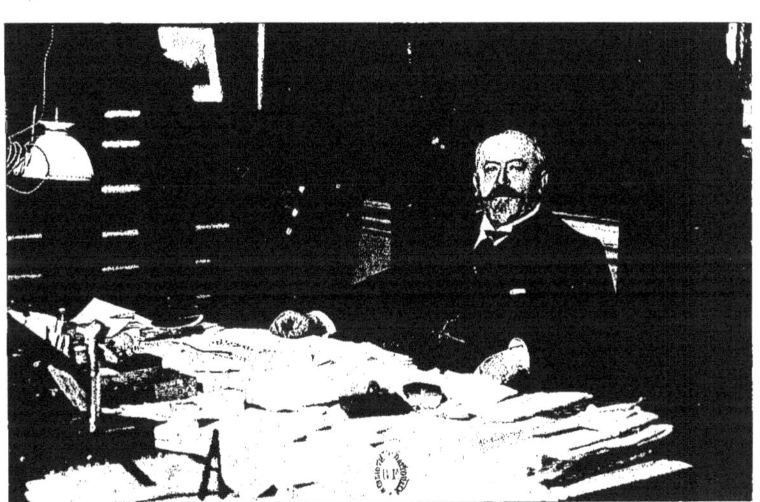

M. Christian, directeur de l'Imprimerie nationale.

Application du procédé Petit au renforcement des noirs et des demi-teintes foncées sans aucun retouche.

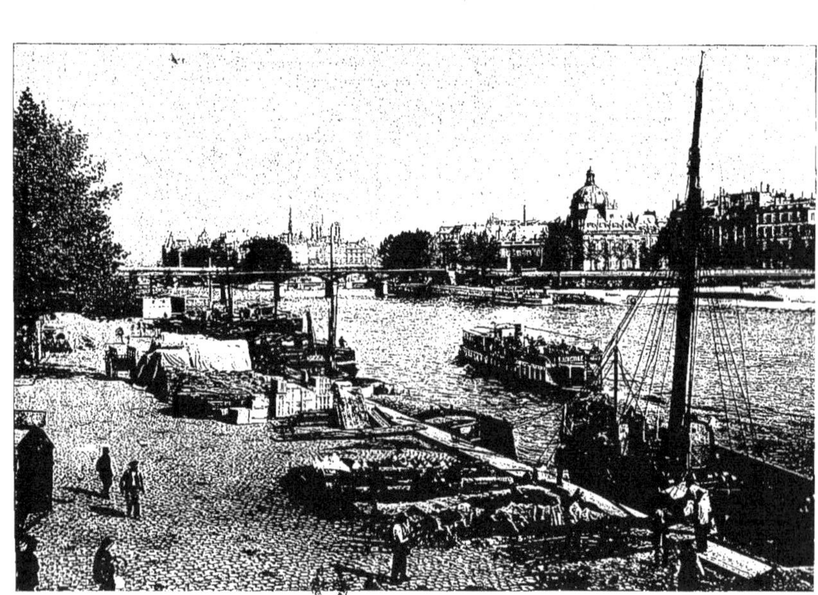

Le port Saint-Nicolas, à Paris.

Application du procédé Petit au renforcement des blancs et des demi-teintes claires sans aucune retouche.

www.ingramcontent.com/pod-product-compliance
Ingram Content Group UK Ltd.
Pitfield, Milton Keynes, MK11 3LW, UK
UKHW020122100726
13658UKWH00005B/2319